CARL HANSER VERLAG

Für meine Tochter, meine Mutter und meine Großmutter.

Issa Watanabe wurde in Lima, Peru geboren. Sie ist die Tochter einer Karikaturistin. Mit 19 Jahren wanderte sie nach Spanien aus, studierte Kunstgeschichte und Illustration. Heute lebt sie mit ihrer Tochter sowie den beiden Perserkatzen »Lord Lasagne« und »Capo« auf Mallorca und illustriert Bilder- und Kinderbücher.

Die Originalausgabe erschien 2019 unter dem Titel *Migrantes* bei Libros del Zorro Rojo, Barcelona – Buenes Aires – Ciudad de México.

 HANSER hey! Schau vorbei und teile dein Leseglück auf Instagram

1. Auflage 2022

ISBN 978-3-446-26822-7
Idee und Illustration: Issa Watanabe
© 2019 Libros del Zorro Roja
Alle Rechte der deutschen Ausgabe:
© 2020 Carl Hanser Verlag GmbH & Co. KG, München
Umschlagmotiv: Issa Watanabe
Printed by GPS, Slovenia